LA VOIX DU SILENCE

Tome I - Les paroles de l'homme qui parlait peu.

WOODSON LOUIS

Illustration : Woodson Louis
Photographie: Anaïs-Emmanuelle Louis

Dépôt légal, 1er trimestre 2023
Bibliothèque et Archives nationales du Québec
ISBN : 9782-9817-4950-5

« Fais ce que tu veux, mais fait le avec tout ton cœur
et laisse Dieu s'occuper du reste. »

TABLE DES MATIÈRES

Ma vie.....11

Le serviteur.....12

Liberté.....13

RACISME.....16

La fenêtre.....17

Le monde.....18

Celui qui sait qu'il sait.....19

Souvenir de l'oubli.....20

L'empereur.....22

L'Épave dorée.....24

Nous.....25

Un sourire.....26

Le grand Inconnu.....27

Temps d'innocence.....30

Le rocher.....35

cœur de lodovicus.....37

Tout change..40
Un mal..42
L'amaryllis...43
Mon Judas...44
Triste amour..45
Une dernière fois...49
Le monstre..50
La peine..53
L'étranger..54
Sabine..55
Une main..57
Une passion...58
La pluie..60
Adieu...61
Les sept hivers...63
Haine ou amour..65
Les lignes sombres..66
Laisse-là partir..68

La bêtise 69

Vinginti novem 70

Ton malheur, ta douleur 71

Pleure 73

D'autres lignes sombres 75

Poussière d'amour 77

Les dernières lignes sombres 79

Ma belle amie 82

Une musique 83

Ma relique 84

Que pour être avec elle 85

Tellement 87

Aimer 89

Celle que j'aime 90

Lettre amoureuse 92

Mots d'amour 93

Notre destin 94

La plume 96

Avec toi 97

La Fleur..98

Larmes d'amour 100

Lumière de ma vie..102

Vivat Rex 103

Moi et mon frère 104

Sœur 106

L'artiste, le rêveur 107

Espoir 109

La Paix..110

la foi

&

les échos.

MA VIE

Ma race ne compte plus les siècles, mais devrait
compter ses jours.
Mon sang est pur par son mélange.
Ma voix a toujours appartenu au vent.
Mon cœur a souffert du temps et de l'espérance.
Mes péchés ne dépassent pas les limites de mon
petit caillou bleu.
Et ma pureté témoigne de ma mélancolie sans fin.

Un jour, j'ai levé la tête lentement vers le ciel.
Rien.
Suis-je aveugle par la faute d'un ange ou par la
quête de mes plaisirs?
Je marche seul et nu pied dans ce désert brûlant.
C'est l'itération brève de mes jours,
Et pourtant je trébuche encore et encore.

Ma vie.
Fragile.
Sans nom.
Un mirage de sens aux mille visages.
Je m'arrête peu et je respire pour d'autres instants.
J'essaie à tort d'ouvrir vraiment les yeux.
Car je dois reprendre ma route, ma voix.
Ma vie. Mon moment. Mon instant.

LE SERVITEUR

J'accueille la souffrance et je parle de paix en embrassant la mort.
Je suis le serviteur de l'ignorance.
Alors, je me résigne aux bruits des peuples.
Au rythme imparfait que fait mon cœur.
Je crie les dires qui font sourire les cœurs.
Mon silence n'a pas de prix, il est impossible.

Ne me jugez pas, ce n'est pas ma faute.

Je ne connais pas le choix en soi,
Mon maître se nomme Multitude et connait mal l'amour.

Je prends ce qui est servi.
J'endure les conséquences sous les épines dorées de la patience.
Je vis d'un tribut de peu de valeur.
Ainsi, je peux survivre à mes faux jours.

Moi, le serviteur,
Comme ça, mon maître m'a promis de ne jamais connaître la fin.

LIBERTÉ

Vous ne serez jamais libre.
Tant que vos pas ne partageront pas les pas des autres.
Et les pas des autres les vôtres.
Traces étrangères.
Empreintes éphémères.
Les voies du monde sont à vous.
La liberté détourne le regard tant que le sang coule dans l'iniquité.

Terres impures,
Injustes terres.
Une liberté de paille qui est brûlée pour réchauffer les mauvais désirs.
Jamais il n'y aura d'air de liberté tant que les chaînes communes à la haine seront sur les cœurs.

De chairs et de pierres.
L'ignorance gangrène sur leurs cœurs.
Une liberté qu'on ne voit pas.
Une liberté qu'on ne voit plus.
Une liberté de poussière.

Vous l'avez tant rêvé, tant crié et tant pleuré.
Maintenant ou après.
Que ferez-vous d'elle?

Seulement lorsque votre nature se sera débarrassée de vous,
Et non lorsque vous vous débarrasserez de votre nature.

Liberté, liberté.

Enfin libre de vous.
Libre de vous-mêmes.

RACISME

Le racisme, cette plaie que je connais.
Cette blessure que l'homme n'a pas pris soin de regarder.
Il est dans le silence et dans les échos.
Il divise la dignité et le droit.
Oui, il est dans le silence et dans les échos des cœurs.
Il jouit de l'oppression et de la destruction.
C'est aussi cette fumée qui étouffe avec tant de violence et de haine.
Nous le connaissons tous, et pourtant nous détournons le regard.
Il efface le sens de la vie,
Brise les rêves et se tient là,
Debout face à l'espoir.
Ses chaînes d'ignorances étranglent l'égalité et la justice.
Il est le traceur de chemins des discriminateurs, et se veut fossoyeur de l'espoir.
Le racisme ce vieux cancer de l'esprit qui semble ne rien craindre.
Une seule chose l'ébranle et le rempli de frayeurs.
Une seule chose le fera rendre l'âme et les armes.
Seul l'amour.

LA FENÊTRE

Aujourd'hui, j'ai vu l'horreur par la fenêtre.
J'ai entendu des cris,
Des pleurs et des souffles de peurs.
J'ai vu des lèvres déchirées par la faim.
Des corps meurtries, salies et sans vie.

Aujourd'hui, par la fenêtre, je sais que la vie a
échoué.
Elle a perdu, une fois de plus, une autre bataille.
Elle fait encore la rencontre de sa vieille sœur.
Celle qui semble plus jeune.
Celle qui connait l'inconscience et le silence.
Jamais la souffrance.

Aujourd'hui, par la fenêtre, je vois couler la vie.
Elle ne coule plus dans les veines,
Mais sur la terre jusqu'aux enfers.
Libérant ainsi l'odeur de la vengeance et de la haine.
Oui, aujourd'hui, j'ai vu par la fenêtre,

Mes frères.
Mes sœurs.

LE MONDE

Le ciel a perdu de son bleu,
Et les nuages semblent lourds.
Ça gronde là-haut, pourtant rien ne tombe.

Je vois des enfants qui courent.
Ils veulent fuir l'impossible.
Ils cherchent à se réfugier
Mais ils vont vers le pire.
Ce monde est si lourd, si sombre.

Les rayons du soleil n'ont plus d'effet
Ils ne me font plus verser de larmes.
Je suis né dans les ténèbres, sur ce plagiat des limbes.

J'ai vu le mal, surtout le mal dans le bien.
Qui me fera aimer les fleurs?
Quand est-ce que je serais le souvenir de l'oubli?

CELUI QUI SAIT QU'IL SAIT

L'effondrement,
La fatigue de l'existence.
Un virus.
Une guerre ou les célébrations vides du moi.
Comme bon nous semblera.

Nous la sentons tous, la vie serre trop fort.
Elle nous met à mort, elle n'a pas tort.

L'argent est tout, l'amour s'étouffe.
Appartenir à un monde interconnecté sans connexion.
Factionné, fractionné et brisé en tout lieu de l'âme.

Par millions nous serons enterrés.
Par milliards nous serons infectés.
Nous serons longtemps attristés.

À travers les maladies de nos jours,
Et en passant par les tristes quartiers de notre brève existence, nous voici à l'impasse de notre égoïsme.
La fin sera triste.
Silencieuse.

Celui qui sait qu'il sait,
Sera celui qui saura qu'il n'a jamais su.

SOUVENIR DE L'OUBLI

J'appartiens au passé,
À l'instant précis.

Au futur.

Voilà que je suis tout,
Que je ne suis rien.

Je suis dans les cœurs, et pour longtemps dans les pleurs.
Je suis l'infini,
Mais à vos yeux tout est fini.
Vous me demandez de me reposer.

Mais tout ne fait que commencer.

L'EMPEREUR

Les terres du monde, je les ai connues.
Les terres du monde m'ont appartenues.

J'ai été l'empereur des âmes.
Un maître de lumière comme de l'ombre.

Des guerres.
Des grandes guerres.
Des victoires, qui aujourd'hui, éclairent mon ombre.
Des pactes sur la boue, et des promesses de verre.
Des regards d'eau,
Et des soupirs de glace.
Qu'en reste-t-il?

Peu de choses.
Peu de ce qui rend l'eau clair,
Mais il reste les cœurs.
Cœurs de pierre.
Cœurs blessés.
Cœurs mourants.

Toujours des cœurs,
Qui aspireront à conquérir l'amour.

L'ÉPAVE DORÉE

L'existence humaine, ce pléonasme dimensionnel.
Une brève étincelle dans un cube de verre.
Un monde chaotique masqué par une paix habillée par le mensonge.

Nous sommes les créateurs d'une fable vivante.
Cette épave dorée, qu'est notre civilisation de violence et de fausses providences.
La laideur a calqué le spectre de la beauté.
Tromperie,
Égoïsme ou naïveté des chercheurs de bonheur.

Dans quelle direction devons-nous regarder pour voir la lumière?

NOUS

Regardons-nous un peu
Fermons nos yeux,
Respirons ensemble.
Ouvre ton cœur,
Et donne-toi sur mon corps.

Que le soleil se lève pour toi et moi.
Que la nuit continue à tomber,
Et qu'elle disparaisse encore pour moi comme pour toi.

Dormons un contre l'autre avant que les rayons du soleil nous réveillent.

Que le jour sur notre union, nous porte conseil et oublions ce que nous dira la nuit.

Tenons-nous par la main, et ne craignons aucun chemin.
Les yeux rivés seulement vers demain.

UN SOURIRE

J'ai cherché le bonheur des mondes.
J'ai voulu connaître la clé de votre sourire.
À quoi ressemble-t-il?
Aucune écriture, aucune parole.

Votre sourire.

Ce sourire, à lui seul, ferait de la nuit la plus sombre
et la plus froide;
La plus lumineuse et la plus douce.
Un instant que je veux à jamais bénir.

Un jour peut-être, je vous entendrais chanter.
Je voudrais alors, être cet enfant qui dort.
Enveloppé dans la douceur la plus paisible,
Dans la chaleur d'une chanson.
C'est un vœu aux pas lourds,
Vous voir sourire.

Et pourtant c'est pour votre bonheur
Et non pour le mien que je le souhaite...

Un sourire.

LE GRAND INCONNU

Sans alpha, sans oméga.
Ni Père et ni Mère.
Tout, ou rien du tout.
Le silence de la solitude, ou peut-être le bruit de la folie des hommes.
L'inconnu de nos rêves,
Dont les mots de la Terre et des univers ne peuvent s'approcher.
Amour et confident des espoirs.
La haine des cœurs ou destructeur des nations infidèles.
J'ai entendu dire que le repos est accordé que par votre présence.

Un matin,
Le soleil n'était pas encore levé et j'ai commencé à parler de vous.
Votre pureté est glorifiée dans une sainteté à saveur multiple et mystérieuse.
Vous avez défait l'Olympe et endormi Osiris
Pour ainsi marcher sur Baal et Jupiter.
L'humanité, un héritage à votre image.
Maintenant à notre image.
Une image qui propage dans son sens un message.
La vérité d'une inexistante présence,
Par votre silence, toujours la liberté boiteuse de l'homme.

On m'a dit qu'on vous a vu et même entendu,
grand Inconnu.
D'autre vous on même lu.
Ils n'ont compris que ce qu'ils voulaient,
Par conséquent rien n'est compris.
Le sang coule encore pour que l'on puisse croire en le vide,
Et non en un souffle de vie.

De tout mon cœur,
De tout mon âme,
De toutes mes forces.
De toute leur haine,
De tout ce qui leur reste d'intelligence
Et vraiment de toute leur force.

Vous leur êtes bien inconnu.

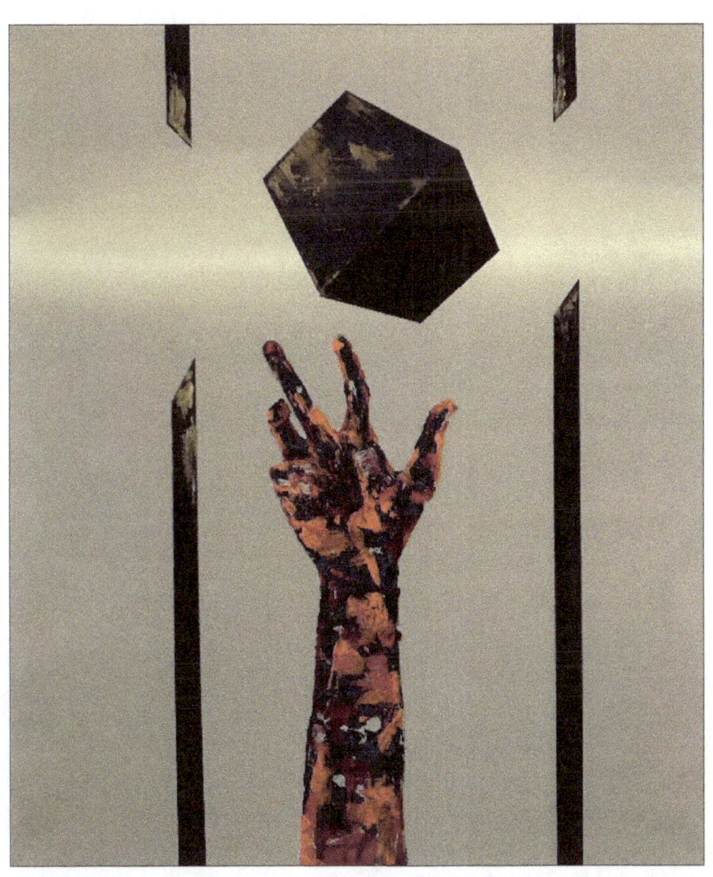

TEMPS D'INNOCENCE

Je ne suis pas si vieux, mais plus aussi jeune.
J'ai déjà quelques années sur mon cœur pour me rappeler d'un temps.
Ce temps où les verbes se conjuguaient au futur.
Et pourtant tout se vivait au présent.
Je disais à plus tard à ceux que j'aime sans regarder en arrière.
Ma joie était grande et sans limite.
Mes amis et mes amours n'avaient ni couleur, ni de culture.
Leurs fois n'avaient pas de dieux,
Mais tenaient à ce qu'aujourd'hui soit comme demain.

Le temps de l'ignorance.
Le temps de l'innocence.
Le temps des rêves et des rires de chaque jour.

J'avais quelque chose de précieux qui semblait être pour toujours.
Quelque chose que le temps m'a fait perdre et oublié par les chemins et l'arrogance de nos vérités.
Mais encore, avec le temps, je ne regrette rien car ce cadeau s'est transformé.
Il a changé de visage et a pris place dans d'autres sourires.
Dans d'autres espoirs.

Celui de mes enfants.
Je l'ai légué sans le savoir.
Je l'ai donné dans le doute de l'avoir.
Ce beau moment.
Ce temps d'ignorance.
Ce temps d'innocence.
Ce temps des rêves et des rires de chaque jour.

mélancolie
&
nuages

LE ROCHER

Regarde ce rocher.
Regarde sa fissure.
Elle laisse tant rentrer,
Et laisse si peu sortir.
Ce rocher a su faire face à la tristesse de l'automne,
Et à la rage hivernale.
Le rocher a su accueillir la douceur et les brises du printemps.
Il s'est rempli de terres et de poussières,
Sa fissure a perdu de son creux.
C'est une tige, tantôt une fleur qui prend place par la chaleur de l'été.

Mais un jour.

L'hiver reviendra,
Et le rocher restera.

CŒUR DE LODOVICUS

Mon cœur est en guerre depuis des siècles.
Pour ne pas dire en peine.
Étreinte mélancolie, sur ta main droite je vois mon cœur. Sans bruit, j'espère que tu lui donne les mots que je n'ai pas ou que je n'ai plus.
Et toi, mon amour.
Toi, pour qui mon cœur est devenu l'univers.
Un cosmos d'émotion, là où réside des galaxies de passion et de tendresse.
Te tenir dans mes bras ou simplement m'accrocher à ton petit doigt, c'est le monde pour moi.
Sans toi, mon âme est en silence et la vie me laisse éperdu.

Et ça, tu ne le sais pas.
Veux-tu le savoir?
J'en doute parfois.

Mon cœur n'est ni sourd, ni muet.
Quand tu souffres, il souffre avec toi.
Tout est dans mon cœur.
Pour ça, ma bouche l'évitera pour toujours.
Les jours passeront et emporteront ce qu'elle voulait dire.
Parfois, je t'aime sans mot et dans l'ombre lourd de mon esprit.
Toi, ma lueur de retour.

TOUT CHANGE

La page a tourné,
Mais ne s'est pas arraché.
Le monde change, tranquillement, à sa façon.
Sous un rythme singulier,
La vie semble reprendre goût à elle-même.

Un soupir,
Un poids sur les épaules qui tombe et fait vibrer le sol.
C'est le bruit de l'espoir qui respire maintenant la vie.
C'est le feu d'une bougie que l'on protège entre deux mains.
Toute la vie se promet d'être plus forte qu'un vœu.
Tout devient plus précieux.

Tout change.
Pour le mieux, je l'espère.
Tout change.

LA BOUGIE

Il me sert dans ses bras.
Je me débats.
Parfois,
Souvent, toujours.

C'est sans issue.

Il se nourrit de cette rage en moi.
Le mal est là, le mal est fait.
Il part et revient sous la forme qui lui plaît.
C'est un moment qui ne semble pas en être un.
Une confusion que je pointe sur mon cœur.
Il s'écarte pour mieux revenir,
Il ne sait pas se faire oublier.

Et là, c'est elle.
La mort qui m'embrasse.
Le temps a passé et je me suis oublié.
Je souris à cette douce mort en retour.
Je n'ai plus rien à dire.
Et elle souffle sur ma bougie,
Il fait tout noir,
Mais le doux parfum de ma bougie reste.

L'AMARYLLIS

C'est par un baiser que j'ai connu la mort.
Un baiser doux comme le miel qui ne me convoitait pas.
Mon esprit a disparu au dépend de mon âme.

Un corps faible privé de songe.
La mort a été de courte durée.
Elle était de passage et ne m'a pas emmené.

C'est un autre baiser qui m'a retiré des ombres.
Peu après, j'ai ramassé mon cœur dans les décombres de mes mauvais souvenirs
Tout près d'une petite fleur dont j'ignorais les jours...

Une amaryllis.

MON JUDAS

Dès son arrivé j'ai senti la menace,
La tension du danger.

De ses yeux,
Je ne peux m'empêcher de lire l'iniquité,

De son âme,
Il ne peut se séparer la souillure.

De sa bouche,
Il a craché sa culpabilité.

De sa main gauche il m'a salué.
Par mon silence, je l'ai maudit.

TRISTE AMOUR

Il s'en est fallu de peu.
Si celui en qui il ne croit plus, n'avait pas éteint le feu qui consumait sa raison.
Si celui en qui il ne croit plus, n'avait pas retiré l'épée de son cœur.
Ô le malheureux, à jamais il aurait perdu son humanité.

Il était là, seul, pris dans une tempête.
Une guerre, entre la peine et la rage; qui criait à l'éternité ses immondes cruautés.
Nulle ne peut survivre dans cette atmosphère de blasphème,
Là où errent les damnés assoiffés par leurs amours oubliés.
Ceux dont les cœurs sont enflés par le passé.
Sa nature de lumière s'est couverte d'opprobre.
Il fallait tout effacer.
Essayer d'oublier.
Faire une croix sur un cœur,
Sachant qu'elle était la raison de ses pleurs.
Même le maître des malgracieuses profondeurs serait touché face à cette inévitable douleur.

Et là, encore des souvenirs.
Quelques poussières d'amour.
Ses derniers instants d'amour.

Un amour si grand, et une peine qui l'est tout autant.

La vie, maintenant synonyme de douleur.

Car celle qu'il avait tant chercher,
Celle qu'il avait tant aimé, s'en est allée.
Pour un autre qu'elle n'avait jamais aimé.

Triste amour.

SPEEN

UNE DERNIÈRE FOIS

N'avançons plus.
L'obstacle n'est plus du cœur.
De tes yeux, elles ne coulent plus.
C'est la croisée des chemins,
Notre amour n'est plus.

Fermer un livre,
Notre conte perdu.

Le ciel n'a plus la même couleur.
Il est rempli de pleurs pour nos cœurs.
Tant de poussières sur notre passion avant qu'elle meure.
Le temps s'est plu à bien nous défaire.
Peu de question pour une multitude de réponses.

Embrasse-moi une dernière fois.
Cœur à cœur une autre fois.
Regardons-nous une dernière fois.
Séchons nos larmes une fois de plus.
Une dernière fois.

Aimons-nous,
Une dernière fois.

LE MONSTRE

Un monstre ou un ange sans lumière.
Son regard n'est que tristesse.
Sa vie, une quête de plaisir égoïste qui mène à la solitude de l'esprit.

Jamais le bonheur.

Le monstre isole la vérité et la modèle à la forme de son cœur.

La remise de celle-ci n'est pas un don, mais toujours conditionnel à son existence.
Au sacré de son individualité.

Forcé.

Chaque pas pour ne pas ressembler à d'autres monstres, le rapproche de sa monstruosité.

Vérité.

sombre

&

douleur

LA PEINE

Une plume à la main,
C'est à ce moment que se trace mon dessin.
Le cœur serré.
Les yeux remplis.
Je regarde sans regarder.

Les lèvres fermées, ma voix n'ose plus déranger.
J'ai tant crié, et tellement pleuré.
La peine me regarde et s'empresse de m'embrasser.
Je veux être fort, mais je m'effondre.
Aujourd'hui, pour mon malheur, elle est mon seul amour.
Fragilité de mon cœur.
Me voici facile à prendre.

À perdre.

La colère, si c'est elle, tout doucement se dépose comme la plume d'un ange.
Elle se dépose sur ce cœur condamné à la douleur.
Et l'expose à tous les fruits du malheur.
Le calme, comme toujours, revient.
Mais la peine reste.
Pour prendre ce que j'abandonne et justifier ce que je désole.

Ma vie.

L'ÉTRANGER

Ressentir la douleur d'un inconnu.
Être figé face au silence d'un cœur affligé.
Sachant qu'il ne veut qu'une chose.
Crier.
Il y a peu à dire, sinon rien.
On attend.
On ne brusque rien.
Tout est fragile et délicat.

Soudain, les larmes se font lourdes.
Tout doucement, je les essuie et je m'arrête avec un léger sourire qui ne l'est pas vraiment.
Avec le cœur qui craint, je lui demande si ça va.
Il y a maintenant deux sourires qui se mêlent dans l'infini d'un instant.
Pourtant la vérité douloureuse de notre monde reste.
Mais il y a aussi autre chose qui semble assez fort pour rester.

Cette chose ne guérit rien, mais l'âme apprécie.
C'est comme souffler doucement sur une brûlure;
Ou passer délicatement sa main sur le front d'un mourant.
C'est simplement la compassion de l'étranger.
Faire don de soi-même pour l'importance de l'autre.

SABINE

Elle danse et se consume dans une brume qui semble sans fin.
Là où les seigneurs de ce monde,
Ces maîtres éphémères, sont en toute puissance.
À peine visible, elle envoûte ceux qui se cachent.
Une manière de vivre pour elle.
Un plaisir primaire pour d'autres.
Une aversion qui dort dans le silence de plusieurs.
Amoureux du mensonge.

Pauvre Sabine.
Son corps ne l'appartient plus depuis longtemps.
Son âme s'efface aussi avec le temps.
Mais son cœur, lui, est encore bruyant.

Elle, ce jouet exploré sans part et que pour d'autre.
À chaque élan de liberté, elle est rappelée par cet infini moment qu'est le présent.
Cet espace que l'on n'échappe pas.
Son présent, son enfer.
Ses yeux sont toujours tristes, et ses larmes sont sans chaleur.
Sa vie peu lumineuse chuchote à la mort.
Ses cris ébranlent les plus insensibles.

Mais un jour, ses paroles ne seront plus ignorées
Et briseront le silence de ses prières inexaucées.

Elle espère encore, qu'un jour,
Qu'elle s'ouvrira pour une dernière fois.
Qu'elle s'ouvrira à la vengeance pour toutes les autres fois.

UNE MAIN

Les lignes sinueuses du destin couvrent ce monde
de douceur.
Elle laisse un parfum qui apaise les esprits.
Une caresse, une brise par une journée chaude
d'été.

Mais cette main ne se posera jamais sur ma joue.
Jamais, je ne pourrais tendrement l'embrasser.
J'aurais tant donné pour qu'elle se pose sur moi

Sur mon cœur.

Mais, ces choses n'appartiennent pas à mon univers.
Je vis sous les clairs de lune,
Et elle sous les grâces de Phoebus.

Sa main,
Un leurre de mon esprit.
L'instant de ma vie.
Je l'oublierai un jour,
À contrecœur pour toujours.

UNE PASSION

Je m'abandonne pour un moment à ce que je ressens.
Pour qu'elle s'introduise au plus profond de mon être.
Afin qu'elle se réveille encore et ne s'endort jamais.

Douce passion qui vient de temps en temps.
Parfois incessante et violente.

Sa présence confond mais elle inspire les plus aigris.
Elle connaît le désir,
Malgré cela, ce n'est pas encore l'amour,
Elle cache l'expression de l'âme dans le creux de sa main.

Elle dort et se réveille pour certain.
Sa permanence apporte d'inoubliables songes.

Toutes les fleurs l'accompagnent.
Comme l'aube et le crépuscule,
Elle part comme elle est venue.
Son retour est incertain,
Mais toujours attendu.

LA PLUIE

Je reste là.

Le regard vide.
J'attends la pluie.
J'attends qu'elle s'arrête,
Qu'elle s'arrête un jour.
Malgré tout, j'avance.
Je continu mon chemin sous ce déluge froid
Qui est à présent mon fardeau.

Mon quotidien.

Je m'arrête sous un arbre pour me protéger.
Pour me libérer ne serait-ce qu'un moment.
Mais c'est pire.

Le grand arbre avait retenu toutes les larmes du ciel

Pour les laisser tomber sur moi.
Juste sur moi.

ADIEU

J'ai perdu ce courage pour la vie,
Cet élan d'espoir.

Est-ce que la mort nous ment pour ensuite nous sauver?
Est-ce la vie qui nous abandonne ou est-ce la mort qui se donne?
Mon cœur bruyant, qui se résigne aux murmures faibles des lèvres.

Pourquoi le temps se doit de perdre nos beaux jours?
La fin d'un jour donne-t-il une âme à demain?
Je ne désire plus changer le monde.
Mais je veux donner et perdre mon cœur pour ceux qui pleurent.
Je les entends, leurs plaintes et leurs malheurs.

Ma vie n'est plus, elle est sans issue.
J'ai tout perdu.
Pourquoi vivre s'ils ne sont plus.

Adieu, je suis sans résistance.
Adieu, je donne mes fleurs du dimanche.
Adieu, je pleure la voix de mon silence.
Adieu.

LES SEPT HIVERS

Sept hivers de tourment.
Sept hivers de malheur.

Une âme qui se consume.
Un cœur qui ne bas plus pour vivre.
Mon cœur, le sablier de mon souffle.
Blâmer sa vie.
Blâmer son existence
Et rire de ses rêves.
C'est l'ironie des songes de quelques nuits qu'on oublies.
Vouloir aimer sans cesse contre le vent.
Aimer contre soi. Aimer en vain.
Le meilleur a été pour le pire.
Les larmes de mes yeux ont coulé comme le sang.
Tel un meurtrier, je suis souillé.
Souillé dans la profondeur de mon cœur.
Là où la douleur frappe le plus fort.
Je me suis condamné aux soupirs des jours et aux pleurs des nuits.
Loin des yeux de mon ange,
Qui reste toujours près de mon cœur.
J'ai reconnu le destin qui m'a été refusé,
Pour regarder le malheur auquel je suis enchaîné.

Sept hivers de malheur.
Sept hivers de tourment.

HAINE OU AMOUR

Se réveiller un matin ensoleillé,
Et voir l'ombre d'un oiseau sur l'herbe pleine de rosée.
C'est ainsi que j'ai connu la vérité.
Sans l'entendre.
Dans un geste sans valeur.

Ô, esprit de mes malheurs.

J'ai ouvert les yeux et j'ai tué le mensonge.
Maintenant, apprend à m'haïr, pour mieux me voir disparaître.
Ceci te sauvera de moi.
Sauve mon âme pour toi
Car le tient, je l'ai maudit plus d'une fois.
Peu importe la conséquence pour moi,
Je continuerai à apprécier le monde sans toi.
Tant qu'une pensée sur moi existera en toi,

Haine ou amour,
Mon cœur ne cessera de battre.
Et être ce qu'il est.
Avec et contre toi.

LES LIGNES SOMBRES

Vouloir mourir.
Souvent ce verbe dos à la vie a caressé mon esprit.
Mais aujourd'hui devenir un souvenir de l'oubli est un souhait.

Partir, ne plus revenir.
Arriver à la fin de ma route.
Écrire mes derniers vers.
Demander à la sainte de couper mes nœuds,
Les mettre au feu.
Descendre aux Enfers et dévisager l'Élysée.

Chaque jour suffit bien à ma peine
Puisqu'à chaque jour je m'en vais.
À chaque jour, perdre la longueur et la chaleur de mon souffle.
Chaque jour, une triste espérance.
Oui, chaque jour suffira à me perdre.
J'aurais dû poursuivre ma route sans regarder à droite.

Partager mon âme qu'avec moi-même et garder les chaînes de mes désirs.
Je l'ai dit, cet univers n'est pas le mien et il n'en existe point pour moi.

L'esprit tourmenté,

J'ai attiré le regard vicieux de Lucifer et attisé la
colère de la lumière.
Je connais mal la paix mais bien la détresse.
La nuit est maintenant mon jour.
Pourtant, j'ai fait un rêve qui m'a montré le jour.

Mais ce n'était qu'un rêve.

LAISSE-LÀ PARTIR

Ne cris plus son nom contre le vent.
Ne chante plus les aires qui donnent une couleur au temps.
Laisse-là partir, afin qu'elle t'inspire encore à écrire.
Laisse-là s'enfuir, pour que ton cœur se serre et que ton esprit se perd.
Laisse-là mourir, pour ne jamais en finir.

LA BÊTISE

La bêtise.
La bêtise humaine.
La bêtise que je suis.
J'abuse de mes nuits afin d'éteindre mes jours.
J'ai le cœur en constante douleur.

Ce centime sans valeur.

N'élevez pas mon nom.
Je vous en prie, effacez-le.
Condamnez-le.
Oubliez-le.

J'ai ce sourire qui cache mes envies de pleurs.
J'ai cette rage plus grande que moi, qui est le témoignage accablant de mon orgueil.

C'est la solitude d'une peine sans histoire qui s'est perdu en moi.
Quelle bêtise.

VINGINTI NOVEM

Vinginti novem,

C'est le dernier jour.
C'est le jour où l'on racontera la vérité dans l'horreur
que m'ont légué mes ancêtres.
Que l'oubli et la folie m'emporte.

Vinginti novem.

Mon souffle ne se coupera pas,
Je l'étoufferai par la gauche de mon lit.

Après ce jour, pour l'amour des cieux,
Je ne serai plus.
Je ne verrai plus.
Ma chaleur et ma douleur ne seront plus.

Ce n'est pas un cri du cœur
Mais le point aux écrits de mon cœur.

TON MALHEUR, TA DOULEUR

Je suis ta douleur, celle de chaque heure.
Je suis ce dégout et cette plainte à l'éveil.
Ce poids de toutes les mesures qui te courbe le dos.
La larme qui efface tes sourires passés.

Me voilà devenu ce silence que l'on préfère à l'embarras.
Une désolation, une défaite sans honneur.

Je suis ton malheur, ce mal à ton cœur.
Je suis ta douleur, comme je crains pour mes heures.

Me voilà encore, ce caillou dans ton soulier de gauche que l'on doit jeter à l'eau pour qu'il s'efface dans les profondeurs les plus sombres.
Et avec le temps,
Dans l'oubli.

Je suis ton malheur, ce mal à ton cœur.
Je suis ta douleur, je n'ai plus d'espoir pour la lenteur de mes heures.
Je suis cette imaginaire sans aura.
Cette absence d'éclat.
Ce malheur, cette pression au cœur.
Ton malheur, ta douleur.

PLEURE

Je regarde tes yeux.
Je sens la colère.
Le silence se pose et laisse le plateau d'or à la haine.

La peine est grande.
Ton cœur bas avec lenteur.
La douleur brise l'émotion et libère quelques larmes.
Tu t'y oppose.

Qu'as-tu donc ?
Des réflexions sans mots et sans images.
Que la voix d'un mauvais silence.

Tu as peur.
La peur.
Elle, qui ramène la peine.
Elle, qui dans son coin caresse lentement la colère endormie.

Maintenant, pleure.
S'il le faut des heures et soulage ton cœur.

D'AUTRES LIGNES SOMBRES

Depuis que j'ai appris à dormir seul,
M'endormir pour ne plus me réveiller.
Une quête incertaine pour chaque lendemain.

J'ai vu le monde sous l'astre de l'agneau d'orient
Et sous l'astre du lion d'occident.
Élever dans la grâce pour être le prince du monde.
Former dans la douleur et l'exactitude pour être ce que je ne serais jamais.

La vie.
En ce moment.

Méprisable.

Elle glisse entre les doigts de tous,
Et chante toutes les raisons de partir.

La mort...
Cette ambiguïté que je caresse,
Que je déteste.
C'est mon cœur ou la lâcheté qui me demande de rester.
Continuer à souffrir pour ceux qui m'accompagnent encore.
Pour ce qu'il me reste d'âme pour eux.
Être entouré de fleurs.

Des marguerites.

Retourner à la poussière et pourrir sur cet enfer.
Mon âme est lourde, si lourde.
Non pas tant de péchés mais de tourments.
Que je sombre à nouveau, que je sombre à jamais.

Mais.

J'ai vu le paradis.
La première fois, ce fut un rêve que je pouvais toucher.
La deuxième, un paradis appartenant qu'aux sept cieux.
J'ai hésité, c'est là où j'ai embrassé mon ignorance.
Ô malheureux.
J'ai été poussé et je suis tombé de haut pendant si longtemps.
J'y ai perdu l'éclat de mes yeux,
L'expression de ma bouche,
Et la douceur de mes mains.
Sur mon cœur saignait un nom.
Comme par un fer sous un feu ardant,
Ma chair est marquée par cette main qui m'a poussée.
Que je me mens à pardonner.
Que j'ai décidé de ne pas oublier.

POUSSIÈRE D'AMOUR

Le visage vers le sol.
Un poids que je crains écrase mon esprit,
Et plonge ma raison dans le silence.
Je continu ma chute jusqu'au gouffre des ombres impensables.
Une indifférence à ce qui existe.
Une attention particulière à ce qui n'existe pas.
À ce qui n'existe plus.

Le temps souffle sur mon amour comme
Le vent souffle sur la poussière.
Mon cœur a pris la forme d'un temps disparu.
Sans espoir, je lève mes yeux.

Mon amour,
Elle n'est plus là.

LES DERNIÈRES LIGNES SOMBRES

C'est dans un regard en larme,
Dans une vision qui tremble,
Que je m'oubli dans l'ombre que je fais.
Sur l'ombre que je suis.
L'objet qui fait défaut à la lumière.
Une goutte d'encre que l'on échappe et qui gâche l'harmonie des mots.
J'aurais tant aimé être l'encre qui suit la grâce d'une plume.
Celle d'une belle écriture.

Moi, l'ombre sans pénombre.
J'essaie de pleurer sans avoir le pouvoir de le faire.
Le cœur brisé dans un silence qui fait craindre le pire à mon âme.
Encore et encore ce désir de devenir aussi léger que semble le ciel.
Tout laisser sur le sol qui m'est toujours froid.
Vouloir être nulle part.
Là, où rien ne s'impose, où tout se dispose.
Là, où vit le souvenir de l'oubli,

Le souvenir d'une voix au silence.
Être une prière sur une bougie qui ne s'allume plus.
Voilà cet instant que je ne tiens plus.
Là où je meurs.

amours
&
marguerites

MA BELLE AMIE

Il y a longtemps que j'ai vu ton visage.
Ma chère inconnue.
Je t'ai regardé,
Étrange, tu m'as paru.
Je ne t'ai plus revu, ma belle amie.
Il me semble parfois te chercher.
Tu étais si belle et moi si songeur.
Maintenant tu es là.
On se regarde, les yeux songeurs.
Le temps, une variable à deux.

Ton cœur ne séjourne plus pour un autre,
Mes yeux sur aucune autre.
Restons un peu.
Rions du passé,
Effaçons nos jours malheureux.
Que le temps passe, et que les rires d'hier ne
tardent plus.

Et on oubli.

On oubli nos chemins.
On oubli aujourd'hui comme hier.
On oubli, on reste et on revit par amour.

UNE MUSIQUE

Trois coups de tonnerres.
Trois notes qui touchent les cieux.
Trois serrements au cœur.
Un instant de frayeur qui disparaît par un soupir de bonheur.
Un sourire et quelques larmes.
Tout ça, par une musique.
Une foi oubliée,
Sous une note la voici retrouvée.

MA RELIQUE

Je l'ai gardé.
Comme un fou,
Dans le plus grand secret.
Religieusement placée pour moi qui tends à tout oublier.
C'est parmi les centaines de pages de mon âme,
Entre deux lignes de mon cœur.

Ma relique, tu es là.

J'ai perdu le compte des années.
Je ne sais plus quand est-ce que je l'ai reçu.
Mais je sais pourquoi je l'ai gardé
Et je sais qui est-ce qui me la donnée.
C'est celle que j'ai marié.

QUE POUR ÊTRE AVEC ELLE

C'est par une larme que j'ai perdu,
Que j'ai retrouvé un sourire de plus.
Au simple de mes jours,
Je pars en amour.
Une lumière au coin des yeux, je te retrouve.
J'ai rêvé d'aujourd'hui
Et je soupire hier.
J'attendrai demain pour la voir encore.

Je la regarde comme une œuvre d'art.
Je lis ses traits au rythme de mon cœur;
Au rythme de ma vie.
Je dis - je t'aime, mais je mens.
C'est plus fort que ça, je vis dans le spectre de ton existence.
Je me réveille pour te voir,
Mon cœur tient fort à l'espoir
Mes yeux ont peine à y croire.
Le temps ne passe plus
Je te tends la main.
J'espère ton destin car je t'ai déjà donné le mien.

Alors que les vents du monde soient contre moi
Je traverserai les mers, les dunes et les plaines
Que pour être avec elle, encore une fois.
Que pour être avec elle, je vivrai encore.
Que pour être avec elle, une fois de plus
Et lui dire que je l'aime.

BREAK
PAIN
MIND
HURT

TELLEMENT

Je t'aime tellement.
Que je tremble à écrire ce poème.
Quand je prends le temps de ressentir ce que j'ai profondément.

Que pour toi.

Mon esprit s'arrête.
Et j'en pleure.
Sans drame, tout calmement.

J'ai le cœur gros,
Gros comme le monde.
Pleins d'émotions, que j'embrasse avec toute ma vie.
J'ai peur.
Oui, j'ai peur que le mal trouve opportun une place aux limites de mon cœur.

Je t'aime tellement, mais tellement.
Que je dois faire défaut à la vie.
L'univers tout entier s'empare de moi.
Je m'arrête, je n'ai plus de mots.
Mais tout reste au fond de moi,

Que pour toi.

AIMER

On m'a dit...
Aime,
C'est simple et inattendu.

Apprend sans fin à aimer,
Tu apprécieras une fleur qui éclot
Et tu sauras vivre pour celle qui fane.

On m'a dit qu'aimer c'était passionner l'instant.
C'est le grain de sable d'Éden, que l'on tient délicatement entre ses deux doigts,
Que l'on ne veut pas perdre.
Que l'on garde comme un mystère.

On m'a aussi dit que l'amour était parfois amer mais surtout heureuse.
La sagesse te fera tenir fort la main du bonheur et faire le sourd face aux paroles de l'amertume.

Je sais à présent qu'aimer est un mot qui sonne un jour à la fois.

Un petit mot qui est en moi.
Qui résonnera même après moi.

CELLE QUE J'AIME

Tu es celle qui a arrêté mon temps et bouleversé mon espace.
Celle qui m'a donné le bleu du monde,
Et à qui je donnerai le rouge de la rose.

Un sourire.
Si rare.
Si fragile.
Mon péché serait de le laisser partir.
Tu es celle qui m'a vu à l'horizon.
Celle qui m'a montré le chemin du cœur...

De nos cœurs.

Celle dont le sommeil n'existe pas dans le regard.
Tu es celle qui fait de mes yeux la rosée du matin.
Tes caresses sur mon cœur sont devenues une obsession qui coupe mon souffle,
Et qui fait mourir ma raison.

Je te vois qu'avec mon âme.
Je te le dis, c'est vérité,

Je te parle qu'avec mon cœur.
Je t'aime.

LETTRE AMOUREUSE

Ton sourire, ce cadeau que je crains de perdre.
Je te donne le mien, aujourd'hui et tous ceux de demain.
Je connais ton cœur mieux que le mien, puisqu'il vit pour le tien.

Qu'il soit ton refuge.

Avant toi, je niais l'existence du jour.
Avec toi, je perds le compte de mes jours.
Avant toi, c'était le froid qui m'était promis pour toujours.
Aujourd'hui, j'écris au nom de l'amour.
Avant toi, je m'étais oublié.
Maintenant je déclare que je suis,
Et sans devancer l'existence - je serais.
Je ne m'arrêterais pas de rêver.
Je ne crains plus le ciel, mais le temps qu'il me reste.
Je t'aime comme je n'ai jamais aimé.
À chaque fois que je te regarde dans les yeux,
Et que j'arrive à garder ce moment entre deux battements de cœur,
C'est pour te dire que je t'aime... une fois de plus.

MOTS D'AMOUR

Tant de clairs de lune sont passés,
Que mes silences ont donné vie à mes mots
d'amour.

Trop longtemps que je recouvre de terre les
semences de mon cœur.
Aujourd'hui, je les arroserai de mes soupirs rêveurs.

Afin qu'ils fleurissent dans ton esprit.
Qu'ils s'enracinent à ton cœur.
Mes mots d'amour.

NOTRE DESTIN

Mon passé.
Je l'ai oublié avec mes vieux souliers.
Et pourtant, ils m'ont mené jusqu'ici.

Maintenant, nu pied.
Sans pureté.

Je m'abandonne au futur,
À la simplicité de ma future,
À la pauvreté de nos mains
Et à la richesse de nos rêves.
À notre destin.

LA PLUME

J'ai soufflé sur une plume comme un adieu.
Sur un vœu qui se cachait dans le creux de ma main.

Un souffle.
Mon souffle d'espoir.
Malgré la douleur qui me déchire ,
Jusque dans ma chair.

Pendant que l'adversité me frappe et me serre l'amour.
Le poids de mes espoirs est sur la légèreté d'une plume.

Qu'elle s'éloigne avec le vent.
Qu'elle voyage dans tous les temps.
Qu'elle soit guidée par mes dernières paroles,
Et par les rythmes de mes joies passées.
Afin que mes vœux silencieux à l'amour ne s'éteignent pas avec moi.

AVEC TOI

Les yeux clos, c'est toi que je vois.
Toi, le rouge de mon cœur.

Les yeux à demi clos.
En extase.
Le cœur en tambour, je respire ma folie.
Je sens le parfum de ta peau qui fait disparaitre mes peurs.
Les yeux émerveillés,
Tu occupes mes regards d'océan.

Je suis venu de loin.
J'ai vu enfin, et j'ai marché vers toi.
J'ai été conquis.
Dans la joie, dans une paix qui m'est encore inconnue.
Tu as soufflé sur mes lèvres,
Enlevant ainsi la poussière qui perdait mes sourires.
Hier, je refusais la vie.
Aujourd'hui, par un baiser sur le cœur, je pense à demain.
Serait-ce l'amour?

Oublier la mort en se donnant à la vie.
Demain, je veux encore cela.
Je veux être là avec toi.

LA FLEUR

Il y a tant fleurs dans le monde.
À toutes et chacune appartient la beauté de leurs différences.
À chacune un parfum différent.

Mais...
Un parfum a su faire fléchir mes genoux.
Charmer l'inclinaison de ma tête,
Et soutenir la raison de mon cœur.
Avec le vent, ses mouvements ont bercé mes regards.

Et sa beauté...
Elle a su être la ligne de mes vers.
Et faire disparaître les autres fleurs.
La courbe de sa tige a pris forme sur mes mains.
Les racines de sa vie, les voilà sur mon cœur.
Elles ont quitté la solitude froide et humide de la terre.
Cette fleur a délaissé le soleil.
Elle s'est tournée vers moi.

LARMES D'AMOUR

Non, elles ne sont pas de tristesse.
Oui, elles sont du cœur,
Et aussi de peur.
Elles ont la même force,
Mais n'ont pas la même chaleur.
Oui, elles sont de mon cœur.

Mes larmes d'amour.

Elles ont gardé mes yeux ouverts
Afin que je voie,
Et non pas pour que je rêve.

Afin que je voie la perfection de notre unité.
La réflexion d'un être sur une larme.

Elles ont guéri mes joues de leurs rides sèches,
Pour disparaitre sur mon sourire.
Oui, elles sont de nos cœurs ces larmes d'amour.

LUMIÈRE DE MA VIE

Elle est mon soleil de minuit,
Mon soleil du midi.
La lumière de ma vie.
Elle, pour qui je calme le temps afin qu'il lui donne de sa tendresse.
Me voici en ce monde pour être son temps.
Être son regard de joie et sa fierté.
Étrangement à d'autres fleurs,
Elle a fleuri par la force de ses larmes la nuit.
Et par la faiblesse de ses sourires.
Je te le dis.
Je suis la force à tes sourires,
La chaleur et le souffle qui sèchent tes larmes.
Toi, la Mère, je t'ai connu avant les dieux.
Toi, pour qui je donnerais ma vie plutôt qu'à ce dieu.
Et pourtant, c'est par celui qui fût, qui est et qui sera, que je prie pour toi.

Je suis ce dernier instant d'un jour d'été
Ce premier cri à la vie, qui a pincé ton cœur.
La voix qui a donné l'expression au silence.
Toi, cet amour sans contradiction,
Qui grandit sans condition.
Toi, la première voie de mon cœur.
Moi, ton dernier amour.
Maman.

VIVAT REX

C'est le roi, Vive le roi!
Un cœur de lion, et des larmes de vierges.
C'est par des lignes courtes et justes qu'on le décrit.
Et c'est par de longues et fortes émotions qu'on le connaît.
Elles sont éternelles.
Une voix du ciel qui aligne les esprits dispersés.
Il est l'esprit que l'on aime voir de ma personne.
Il vient du nord et du sud du monde.
Son âme ne craint pas la vie, il sourit à l'est comme à l'ouest.
Par son âme nomade on le reconnait,
Il est un fils de la liberté.
Comme toi, mon amour est sans fin et se verra toujours à ma droite.
La fleur de ma vie deviendra pour toujours ce diamant sans poussière.
Mes enfants, pour toujours mon sourire.
Devant mon roi, je m'incline.
Vivat rex, Vive le roi,
Vive mon roi.

MOI ET MON FRÈRE

C'est l'automne,
Des rires aux éclats et des silences inattendus.
Sous un ciel ensoleillé deux dés sont jetés.
Le temps ralenti et dévoile ses jours.
Des hochements de tête qui s'inclinent à la mesure de mes chimères.
Des idées pures aux cuillérées immatures.
Le sourire des jolies filles et un cœur pour une première fleur.

Des sourires fiers.
Un poing contre un poing, aussitôt une poignée de main.
Du gilet au costard, des bonbons aux cigares,
C'est notre belle histoire.

Lorsque je regardais devant moi,
Je voyais que mon chemin.
L'éternité m'a donné un frère, un bienheureux.

Maintenant, on continu le chemin tous les deux.
Chacun à notre façon.
Moi et mon frère.

SŒUR

Dans son cœur c'est la mère.
Dans l'esprit c'est le père.
Quand elle me regarde c'est la petite sœur.

C'est dans une église qu'une folie inopinée s'est emparée de moi,
Et j'ai nommé son nom pour la première fois.
Elle qui n'était que la prière d'un enfant,
Est devenu la bénédiction de mes parents.

Moi, sa paire dans l'honneur.
Son guide dans l'ombre jusqu'aux lueurs du bonheur.
Hier.
Aujourd'hui.
Une femme,
Une sœur.
Ma petite sœur.

L'ARTISTE, LE RÊVEUR

Ce rêveur, ce songeur. Cet étourdit et cet embarra.
Un fou, un perdu.
C'est ce que ces pauvres âmes aiment bien dire et bien rire.
Plutôt ceux qui le connaissent un peu.
Qui font semblant et s'y intéresse seulement quand le soleil brille tout haut.

Ont dit que son esprit est lointain, mais il est plutôt dans la présence sans fin.
Les millénaires de son âme.
Son empathie silencieuse est née du don de l'amour.
De son amour pour les siens.
Il compose ses prières aux couleurs du monde.
Ses sourires et sa belle folie, c'est ce qu'il glisse tous les jours comme un - je t'aime.
Sa soif d'idéal, qui se mêle à une mélancolie aussi forte qu'une peine sans raison.
Au matin, il a le cœur peu léger ou une colère trompeuse.
Au midi, comme le soleil, son cœur brille pour le monde.
Il est un grand.
Le Sol Invictus.

Au soir, soudainement, il se résigne à son sort; à l'instantanéité de son humanité.
À son infiniment petite existence.

Lui, l'artiste.
Cet amoureux d'hier.
Ce passionné du lendemain.
Il tient à peine sur Terre.
Ce qu'il ressent vient de tous les cieux,
Pour être vécu en ce monde.
Il ne veut ni la lune, ni les étoiles.
Il est depuis fort longtemps au-delà de tout cela.

C'est vrai, il s'adonne mal à décrire l'univers avec sa bouche.
Mais son cœur et ses yeux font témoignage du contraire.
Il crée l'univers, il la façonne à sa guise.
Oui, il a ce pouvoir.

Ce rêveur, cet artiste.

ESPOIR

L'espoir, ce point de lumière qui perce à travers les ténèbres.
Cette lueur que garde parfois le cœur.
Il est la promesse d'un monde de béatitude.
La foi en un monde.
À un court ou un long moment de sensibilité.
Il est le souffle qui anime les instants nos vies.
La force soudaine, qui nous pousse à marcher.
La source d'un nouveau sourire.

La raison parfois d'une lutte éternelle.

Espoir, tel sera le nom de cette étoile que je pointe vers le ciel.
Qu'elle guide nos pas et nous montre les chemins à suivre.
Qu'elle nous inspire à atteindre nos rêves les plus nobles.
Espoir, rappelle-nous qu'aujourd'hui n'est pas seul,
Que demain n'est pas bien loin
Et accompagne-nous pour toujours.

LA PAIX

Au-delà des malheurs et des paradoxes de la vie,
Repose un silence, profond et infini,
En l'absence du temps et de l'espace.
L'âme sereine ou brisée, enfin, se réjouit de
l'obscurité qui ne n'est plus un malheur.

Dans cet au-delà, point de mélancolie.
Seulement l'écho d'une harmonie.
Là, loin des peurs et des furies.
Un sanctuaire de calme, où l'on oublie.

La paix, la voilà qui s'installe.
Majestueuse, qui ne fait qu'exister.
Dans un dernier serrement de cœur me voilà libéré.
La tranquillité est enfin retrouvée.
Et dans la mort, la paix est scellée.

Mais sous ce voile de tranquillité,
Se cache parfois une douleur.
Le cynisme des jours.
La mélancolie d'une vie écoulée.
Le regret des jours jamais retrouvés.

Chaque souffle passé, chaque rire éteint,
Résonne dans le silence, un refrain.
Une symphonie de souvenirs lointains,
Qui dans la brume, s'évanouissent enfin.

Et là, dans l'obscurité de ce monde.
L'âme pleure,
Sur les joies perdues, sur les heures,
Elle danse avec ses peines, ses erreurs,
Dans un ballet de tristesse, sans couleur.

Ainsi va la paix.
Un mélange de sérénité et de remords,
Un adieu silencieux, sans effort.

Qu'importe... je m'endors.

Tome I - Les paroles de l'homme qui parlait peu.

Woodson Louis

LES PEINTURES

Malheureux
122 x 91 cm, page 8

Muse
51 x 41 cm, page 15

L'empereur déchu
61 x 51 cm, page 21

Chaos
51 x 61 cm, page 23

Liberté
61 x 51 cm, page 29

Porte de l'enfer
91 x 76 cm, page 36

Au revoir
86 x 61 cm, page 39

Mère brisée
28 x 22 cm, page 41

Le dernier spleen
76 x 61 cm, page 47

Délice
51 x 61 cm, page 48

Sanctus Basquiat
102 x 76 cm, page 59

Feuilles de minuit
51 x 61 cm, page 62

Le disparu
91 x 61 cm, page 64

Illusion
61 x 51 cm, page 72

Complexité de l'amour
122 x 91 cm, page 74

Nœud rouge d'Iel
102 x 76 cm, page 78

Cœur de Lodovicus
91 x 122, page 86

Interlude amoureuse
71 x 56 cm, page 88

Amour
51 x 61 cm, page 91

Madre e figlio
102 x 76 cm, page 95

Fleurs au printemps
91 x 61 cm, page 99

Le poisson
56 x 71 cm, page 101

Moi, Yēshua
51 x 41 cm, page 105

Jubilé urbain
97 x 122 cm, page 112

remerciements

À tous ceux et celles qui ont suivi les méandres de mes vers avec bienveillance, je souhaite exprimer ma profonde gratitude.

Puissent ces poèmes continuer à résonner en vous, évoquant des souvenirs, suscitant des réflexions, de l'inspiration et un peu de joie. Que chaque vers soit pour vous une source de lumière et de chaleur dans les moments difficiles ou d'excès.

Vous faites partie de la voix de mon silence, les échos de mes pensées, et dans chaque lettre, est inscrit une partie de vous-même.

Merci.

La voix du silence
Tome I - Les paroles de l'homme qui parlait peu

Dépôt légal, 1er trimestre 2023
Bibliothèque et Archives nationales du Québec
ISBN : 9782-9817-4950-5